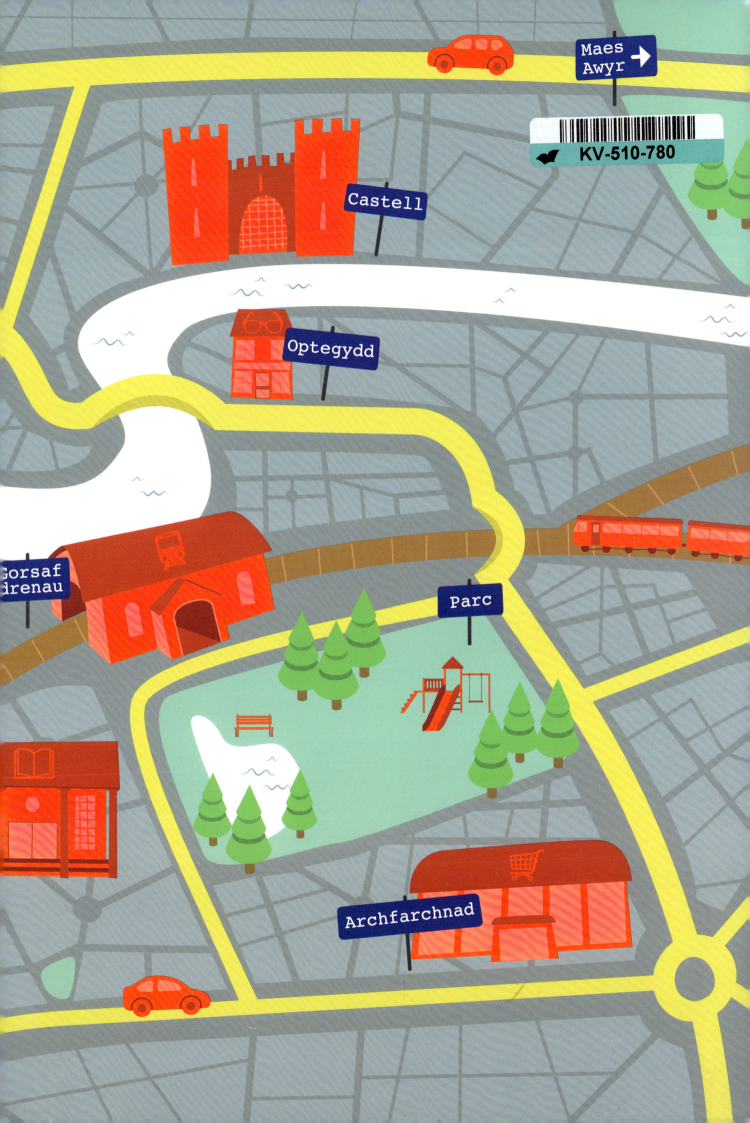

Maes Awyr →

Castell

Optegydd

Gorsaf Drenau

Parc

Archfarchnad

Teithio

© Testun: Mererid Hopwood a Tudur Dylan Jones, 2019
© Dyluniad: Peniarth,
Prifysgol Cymru Y Drindod Dewi Sant, 2019

Golygwyd gan Elin Meek.

Arluniwyd gan Rhiannon Sparks.

Lluniau: © Shutterstock.com

Cyhoeddwyd yn 2019 gan Peniarth.

Mae Prifysgol Cymru Y Drindod Dewi Sant yn datgan ei hawl
moesol dan Ddeddf Hawlfraint, Dyluniadau a Phatentau 1988 i gael
ei hadnabod fel awdur a dylunydd y gwaith yn ôl eu trefn.

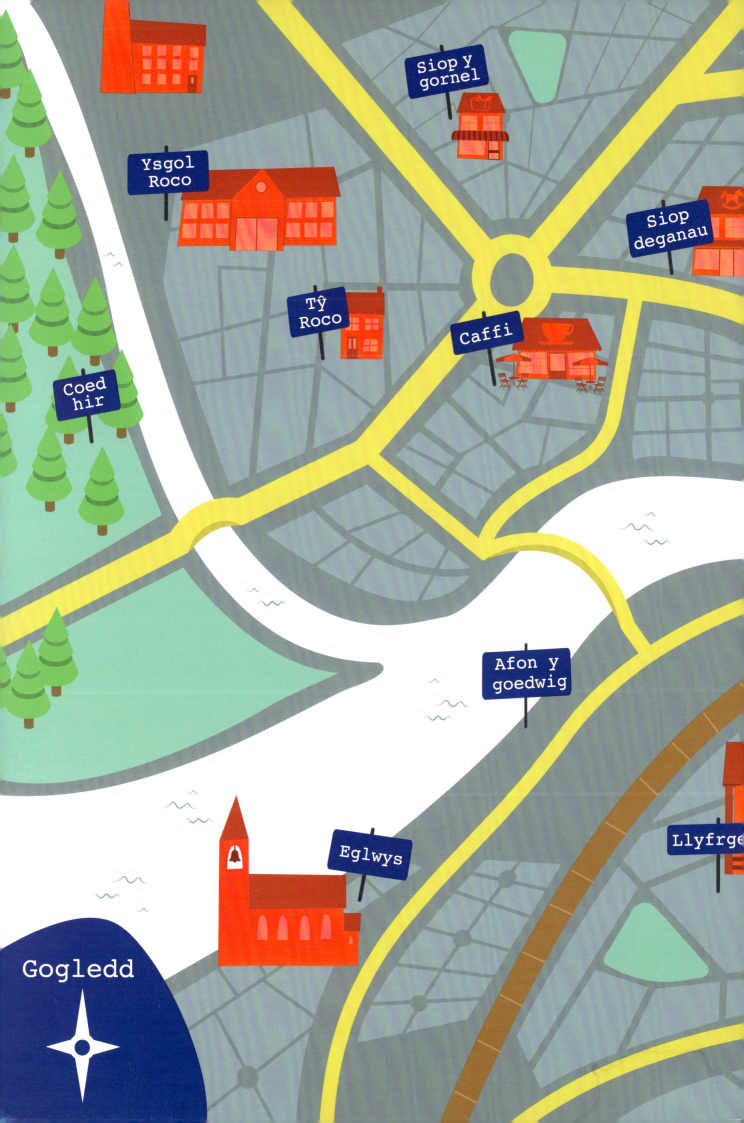

Siop y gornel

Ysgol Roco

Siop deganau

Tŷ Roco

Caffi

Coed hir

Afon y goedwig

Eglwys

Llyfrge

Gogledd

Mae Betsan yn hoffi mynd ar daith,
wethiau yn agos neu am bellter maith.

Un ffordd o deithio sy'n codi gwên
yw cyrraedd y platfform a mynd ar y trên.

Mynd clicyti clac, clicyti clac,
a'r cerbydau a'r injan yn dilyn y trac.

A fore Sadwrn mae'n mynd ar ras
o amgylch y parc ar ei beic bach glas.

Pedlo a phedlo â'i choesau bach
a mynd yn gynt yn yr awyr iach.

Mae'n mynd ar y cwch ar afon y dre',
teithio ar ddŵr o le i le,

tacsi dŵr gyda phaent o bob lliw –
dim rhuthro, dim traffig, dim sŵn a dim ciw.

Ac os oes trafferth cael cwch, beic neu drên,
wel, tacsi amdani, a gyrrwr bach clên ...

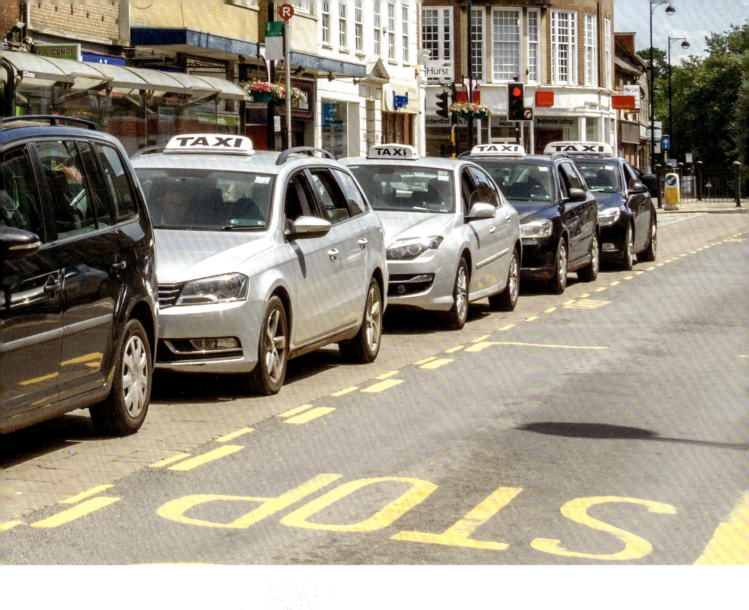

... i fynd â ni hyd y strydoedd i gyd,
a chyrraedd y lle, a hynny mewn pryd!

Os nad wyt ti'n siŵr ble mae'r gogledd a'r de nac yn adnabod holl strydoedd y dre,

does dim angen poeni, cei neidio ar fws
a theithio i bobman heb ffwdan na ffws.

Ond er mor hyfryd yw'r rhain i gyd,
mae un ffordd o deithio sy'n werth y byd.

Y ffordd o deithio gynharaf erioed,
nid olwyn, nid peiriant ond mynd ar ddwy droed.

Cerdded a chlywed yr adar mân,
a gweld y pysgod yn yr afon lân,

heibio i'r llyfrgell a'r ysgol a'r tŵr,
heibio'r maes parcio a'r bont dros y dŵr.

Edrych cyn croesi draw dros y stryd,
ac edrych drwy ffenest y siopau i gyd.

Cerdded yn hapus yng nghwmni Mam,
a'r ddwy yn mwynhau gyda'i gilydd bob cam.

Helpu Cymru i leihau ei hôl troed carbon

awyren

bws

car tanwydd

trên

llong fordaith

car hybrid

trafnidiaeth eco gyfeillgar

beic

car trydan

traed

Allwch chi feddwl am unrhyw ffyrdd eco-gyfeillgar eraill o deithio?

www.**peniarth**.cymru

Un tro, roedd hwyaden nad
oedd yn hoffi dŵr.

Doedd Hwyaden ddim yn hoffi nofio
mewn dŵr ...

neu badlo ynddo.

PLOP!

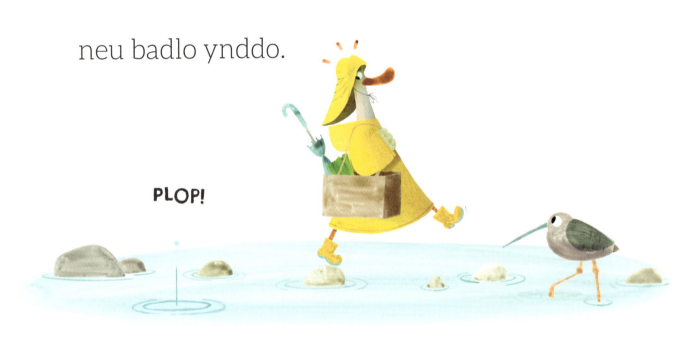

A doedd Hwyaden ddim yn
hoffi pan oedd hi'n bwrw
glaw.

PLIP!

YR HWYADEN NAD OEDD YN HOFFI DŴR

STEVE SMALL

Addaswyd gan Elin Meek

DREF WEN

I Monica

Cyhoeddwyd yn 2021 gan Wasg y Dref Wen, 28 Heol Yr Eglwys, Yr Eglwys Newydd, Caerdydd CF14 2EA, ffôn 029 20617860.
Testun a lluniau © Steve Small 2021
Mae Steve Small wedi datgan ei hawl i gael ei gydnabod fel awdur ac arlunydd y gwaith hwn yn unol â Deddf Hawlfraint, Dyluniadau a Phatentau 1988.
Y Fersiwn Cymraeg © 2021 Dref Wen Cyf.
Cyhoeddwyd gyntaf yn Saesneg 2021 gan Simon and Schuster UK Ltd, Llawr cyntaf, 222 Gray's Inn Road, Llundain WC1X 8NB dan y teitl *The Duck Who Didn't Like Water*.
Cyhoeddwyd gyda chymorth ariannol Cyngor Llyfrau Cymru.
Cedwir pob hawl. Argraffwyd yn China

Ddim hyd yn oed os oedd hi'n bwrw un diferyn bach o law.

PLOP!

Ar ddiwrnodau gwlyb, hoff beth
Hwyaden oedd cwtsio'n braf gyda llyfr da
a diod boeth.

Does dim rhaid i mi fynd mas, meddyliodd Hwyaden. *Mae popeth sy ei angen arna i fan hyn.*

Ac ar y cyfan, roedd hynny'n wir.

OCHENAID

Un noson wyntog a gwlyb iawn, dihunodd
Hwyaden wrth glywed sŵn mawr ...

A gwelodd fod twll yn y to.

Wel, alla' i ddim trwsio hwnna heno, meddyliodd Hwyaden.

Felly, mas â hi i nôl bwced ...

a dod o hyd i ymwelydd annisgwyl,
a oedd ar goll. Ar goll yn llwyr.

"Beth am i ti aros fan hyn dros nos? Mae hi'n
gynnes ac yn sych yma," meddai Hwyaden.

Cytunodd Broga yn hapus,
er bod Broga'n hoff iawn o ddŵr.

Y bore wedyn, meddai Hwyaden,
"Mae angen i ni fynd â ti adref. Ond yn
gyntaf, mae angen i ni gael gwybod
ble mae dy gartref di go iawn."

"O'r gorau," meddai Broga.

CRAWC

Felly bant â nhw.

Chwilion nhw YM
MHOB TWLL A
CHORNEL ...

Ond methon nhw'n lân
â dod o hyd i gartref
Broga,

felly arhoson nhw i gael cinio bach.

Bant â nhw eto, ond er holi a holi,

a chwilio a chwilio,

doedd DIM SÔN am gartref Broga.

Felly, y noson honno, dyma nhw'n bwyta swper, darllen storïau i'w gilydd,

dweud nos da

NOS DA

a mynd i'r gwely.

CRAWC

Y bore wedyn, galwodd Pelican heibio.
"Helô, Broga. Rwyt ti'n bell oddi cartref."

"Aros!" meddai Hwyaden. "Wyt ti'n gwybod
ble mae Broga'n byw?"

"Wrth gwrs! Yr holl ffordd draw yn yr afon
nesaf," atebodd Pelican. "Wyt ti eisiau lifft?"

Wrth ffarwelio, rhoddodd Hwyaden
ddwy anrheg i Broga: llyfr da ac ymbarél bach.

Diolchodd Broga
YN DALPAU.

CRAWC

Ac mewn chwinciad chwannen, roedd e wedi mynd.

Aeth y diwrnodau heibio. Roedd
popeth fel roedd o'r blaen.

Ond roedd pethau'n teimlo'n wahanol.

Roedd rhywbeth
ar goll.

PLOP!

PLOP!

Felly bant â Hwyaden.

Er ei bod hi'n pistyllio bwrw …

ac er bod y gwynt yn chwythu'r ffordd yma …

a'r ffordd acw,

daliodd Hwyaden i fynd.

Tan, yn sydyn reit ...

daeth Hwyaden o hyd i Broga!

"Dyw gartref ddim yn teimlo fel gartref hebddot ti!" meddai Hwyaden.

PLOP!

A dyma Broga'n cytuno.

CRAWC

Felly aeth Hwyaden a Broga yn ôl i wneud eu hoff bethau. Aethon nhw i weld eu ffrindiau newydd,

darllen storïau i'w gilydd ac,

efallai'n bwysicach na dim ...

trwsion nhw'r twll yn y to.